nargot
scargot
Barnabé
le scarabée
Mireille
l'abeille
César
le lézard
la puce
éonard
têtard
Merlin
le merle
Oscar
le cafard
Lorette
la pâquerette
Luna
la petite ourse
Camille
la chenille
Solange
la mésange
iolette
discrète
Adrien
le lapin
Loulou
le pou
Prosper
le hamster
Grace
la limace
Ursule
la libellule
Gabriel le
lutin de Noël
enjamin
Père Noël
u jardin
Georges le
rouge-gorge
Lulu
la tortue
Théo
le mulot

Gallimard Jeunesse/Giboulées
Sous la direction de Colline Faure-Poirée
et Hélène Quinquin
Direction artistique : Syndo Tidori

ISBN : 978-2-07-507442-1
Premier dépôt légal : octobre 2002
Dépôt légal : août 2021
Numéro d'édition : 401542
Loi n°49956 du 16 juillet 1949 sur
les publications destinées à la jeunesse
Imprimé en France par Pollina - 99639 F

Les drôles de petites bêtes

Benjamin le Père Noël du jardin

Antoon Krings

Gallimard Jeunesse Giboulées

Benjamin prit la lettre que la sauterelle venait de glisser sous sa porte et l'éleva à hauteur de ses yeux. « Père Noël ?! s'écria-t-il. Mais cette factrice est complètement timbrée ! Voilà maintenant que je reçois le courrier du Père Noël. Je n'ai pourtant pas une tête à faire des cadeaux. »
Poussé par la curiosité, le lutin ouvrit quand même la lettre et se mit à lire : « Cher Benjamin, je voudrais une boîte de bijoux, des chouchous pour mon doudou et des scoubidous, car je sais que tu es le vrai Père Noël et je suis un gentil petit pou qui t'aime beaucoup. » Signé Loulou.

« Pauvre Loulou, il sera bien déçu quand il connaîtra la vérité », soupira le lutin. « Enfin, mieux vaut une petite visite amicale qu'un retour à l'envoyeur », pensa-t-il en allant le voir. Quand il arriva chez le pou, ce dernier lâcha peignes et ciseaux et se mit à chanter :
« Douce-ou-ouce nuit, sain-ain-ainte nuit... »
– Écoute, Loulou, lui dit alors Benjamin, cela m'ennuie beaucoup de te le dire, mais... je ne suis pas le Père Noël ! Je suis un vieux bonhomme et il y a belle lurette que je ne crois plus à toutes ces histoires !

– Et mes petits souliers, alors ? demanda le pou.
– Eh bien, je suppose que tu les garderas aux pieds le soir de Noël, répondit le lutin.
– Ouuiin ! C'est pas juste ! s'écria Loulou en pleurs. Tu fais plein de cadeaux aux enfants, et pas à moi !
– Arrête de pleurer, tu vas nous faire remarquer ! supplia Benjamin. Arrête, je te dis, ou tu ne les auras pas, tes cadeaux !
Loulou s'arrêta net.
– Bon, d'accord, tu les auras, mais en échange, il faut que tu me promettes de te taire, et surtout de n'en parler à personne, compris ?
– Motus et mouche cousue, chuchota le pou.

Malheureusement, Loulou ne savait pas tenir sa langue, et le jour suivant fut la pire journée de Benjamin. Amis, petits voisins et connaissances de tout poil lui envoyèrent par dizaines lettres et listes de cadeaux. Affolé, le lutin se précipita aussitôt dans le jardin en criant que c'était une méprise, qu'il n'avait rien à voir avec ce maudit Père Noël. Mais en vain ! Il avait beau s'époumoner à leur expliquer, tous faisaient la sourde oreille.

« Je ne veux pas être le Père Noël, je refuse d'être le Père Noël », maugréa-t-il en s'éloignant et, pour être tout à fait sûr de ne pas le devenir, il décida de jeter les lettres le soir même et de les abandonner aux quatre vents. Or, cette nuit-là, le vent du Nord se leva et ramassa une à une les précieuses lettres...

Le lendemain matin, le lutin réapparut dans le jardin. Retrouvant avec joie sa brouette et ses outils, il se mit au travail comme si de rien n'était. Mais ses petits amis ne l'avaient pas oublié. Ils venaient régulièrement le voir, l'encourager, l'aider, bref tout le monde était plein de sollicitude pour le vieux bonhomme à la barbe blanche, et Benjamin commença à trouver très agréable de jouer les faux Pères Noël.

Il suffisait qu'il ait une petite envie de miel pour qu'on lui en apporte aussitôt un grand pot, qu'il désire une poignée de noisettes pour qu'il en reçoive tout un sac. Bientôt, il n'eut plus besoin de faire son potager, de couper son bois, ou même de balayer les feuilles mortes devant sa porte.

« Le pauvre a bien assez de travail comme ça », chuchotaient ses voisins, qui le surprenaient parfois le matin en train de souffler son bout de chandelle avec un air mystérieux.

« Regardez-le, il a encore veillé toute la nuit », murmuraient-ils.

Bien sûr, aucun d'entre eux n'imaginait que leur Père Noël n'était en fait qu'un gros gourmand qui s'arrondissait chaque jour un peu plus, un vilain paresseux qui cachait bien son jeu et dont la hotte restait désespérément vide. Seulement, plus le grand soir approchait, plus notre jovial bonhomme faisait grise mine. Il se voyait déjà poursuivi par une nuée d'insectes furieux, chassé par une foule de petites bêtes en colère, l'insultant et le traitant de tous les noms : « Vieille noix, t'as pas fait ton boulot ! Escroc, où sont nos cadeaux ? »

« Oh ! mon Dieu, demain c'est Noël, et je vais devoir déménager. » L'idée de perdre son jardin et ses généreux voisins sembla soudain électriser Benjamin, qui se mit à ramasser frénétiquement ses petites affaires : un bric-à-brac de babioles sans intérêt qu'il s'empressa d'envelopper d'un peu de papier, de quelques rubans et qu'il nomma avec fierté : « Cadeaux de Noël ».
La nuit venue, il vida son panier à linge et en fit une hotte. Après l'avoir remplie et hissée sur ses épaules, il entrouvrit sa porte et se précipita dehors.

Il s'arrêta devant la maison la plus proche
et jeta un coup d'œil par la fenêtre.
« Juste ciel ! s'écria-t-il. Est-ce que je rêve ? »
Il se glissa jusqu'à la maison suivante,
s'arrêta et regarda de nouveau par la fenêtre.
« Mais c'est merveilleux ! » Puis il repartit.
Il s'arrêta ainsi devant chaque maison,
jeta le même coup d'œil à chaque fenêtre
pour s'écrier finalement avec stupéfaction :
« Les cadeaux ! Les cadeaux sont arrivés ! »

Mais ce qu'il vit l'instant d'après était bien plus merveilleux et plus extraordinaire encore. Devant lui se dressait, majestueux, le traîneau du Père Noël. Benjamin ne pouvait en croire ses yeux.

– Oh ! C'est trop beau ! C'est trop beau ! s'écria-t-il bouleversé.

– Eh, voyez donc qui arrive ! dit un renne en secouant ses clochettes d'argent. Il y a déjà un bon moment qu'on t'attend. Allez, grimpe, petit père, grimpe !

Et les six rennes éclatèrent de rire en voyant détaler, comme un lapin, le tout petit lutin déguisé en Père Noël.

Il fallut attendre le matin de Noël, les cris de joie devant les cadeaux, les chants, les danses autour du sapin, pour le voir réapparaître à sa porte.
– Joyeux Noël, Adèle ! Alors, pas de courrier pour le Père Noël ce matin ?
– Si, justement… Enfin non, pas exactement… Il y a bien une lettre pour toi, Benjamin, mais c'est une lettre du Père Noël, du vrai Père Noël, je veux dire. Il te remercie pour ton aide et te dit que… Tiens, lis toi-même la suite.
Benjamin saisit la lettre et lut à voix basse :
« … Mais l'année prochaine, je t'en prie, laisse-moi faire le boulot. » Signé Père Noël.

Marie la fourmi
Louis le papillon de nuit
Capucine la coquine
Marguerite petite reine
Juliette la rainette
Odilon le grillon
Pasca la ciga
Valérie la chauve-souris
Benjamin le lutin
Patouch la mouche
Adèle la sauterelle
Siméon le papillon
Henri le canari
Nora petit de l'Opér
Noémie princesse fourmi
Gaston le caneton
Victor le castor
Pierrot le moineau
Édouard le loir
Pat le mille-pattes
Belle la coccin
Bob le bonhomme de neige
Blaise et Thérèse les punaises
Maud la taupe